Jordi Cervera

Luz entre dos nostalgias

Prólogo
RAFA SÁNCHEZ

LA GARÚA · *Poesía*, 111

Primera edición: septiembre de 2024

Consejo editorial: Joan de la Vega, Andrés Belalba,
Adrián Bernal, Mª Carmen Ruiz Guerrero y Ángel Muñoz

© del texto: JORDI CERVERA
© del prólogo: RAFA SÁNCHEZ
© de la presente edición:
LA GARÚA LIBROS
Barcelona
www.lagaruapoesia.com

ISBN: 978-84-128186-6-6
Depósito Legal: B 1490-2024

PRÓLOGO

Fue una sorpresa que Jordi, a través de las redes, me pidiera escribir el prólogo de su último libro de poemas, no nos conocemos prácticamente salvo breves momentos tras los conciertos y, como creo totalmente en la certeza de las miradas, me pareció interesante descubrir qué se escondía tras esa mirada melancólica, aun a riesgo de fallar estrepitosamente en una tarea nueva para mí.

Me habló de poemas inspirados en canciones que de un modo u otro habían influido o lo habían acompañado a lo largo de su vida y excitó mi curiosidad, pues como escritor de canciones soy muy consciente de que una misma canción puede tener, según la persona que la escuche, significados sorprendentemente diferentes. Por ejemplo, *Lobohombre en París* hay quien piensa que es la historia de un travesti.

Recibí el manuscrito y me puse a buscar esos particulares significados en los 71 poemas que componen el libro de las 71 canciones que los inspiran. Ya el título me acercó a la soberbia canción de Paco de Lucía y me puse a ello. Pero, en vez de eso, cada poema iba construyendo una visión, ladrillo a ladrillo, verso a verso, de lo que siente toda una generación que piensa que la maldita realidad ha traicionado todos y cada uno de sus sueños, de sus valores, de sus sentimientos, hasta el punto de encontrarlos absurdos, casi infantiles, ingenuos. Una generación que, aunque le cueste, ha reaccionado a la Era Digital y se ha asomado a un Universo incomprensible, banal, que corroe los recuerdos, que cambia las reglas de juego a mitad de la partida aliado al paso inexorable del tiempo. Tiempo. Un escritor decía algo parecido a que la vida era dura, cruel, a veces desagradable, pero sobre todo es tan corta... y aquí está, creo yo, la clave para que lejos de entristecernos con su lectura recordemos y volvamos a ser esos eternos adolescentes que siempre han esperado un final feliz. Escucha las canciones mientras lees los poemas y siéntete orgulloso de haber vivido intensamente.

RAFA SÁNCHEZ, músico, líder de *La Unión*.

La música es la aritmética de los sonidos, como la óptica es la geometría de la luz.

CLAUDE DEBUSSY

Nadie merece que le roben un instante de inocencia, y mucho menos cuando ese instante pertenece al pasado o al capítulo de los arrepentimientos.

La tempestad, JUAN MANUEL DE PRADA

La música es la vida emocional de la mayoría de la gente.

LEONARD COHEN

El arte de la música es el que más cerca se halla de las lágrimas y los recuerdos.

OSCAR WILDE

Por la música, misteriosa forma del tiempo.

Otro poema de los dones, JORGE LUIS BORGES

Habrá que esperar a tener ganada la revolución para poder dormir.

Haz el favor de no llamarme humano, WANG SHUO

Ja, ja, sorprendido espiando
El lobo escapa aullando.

Lobo hombre en París, RAFA SÁNCHEZ - LA UNIÓN

Nada es nunca tan sólido como la luz de una mirada, ese rayo que nos hiere, nos fecunda, nos abraza, nos persigue, nos castiga y, sin quererlo ni desearlo, también pasa; ese fogonazo que puede llegar a matarnos de amor o de olvido, tragedia feroz capaz de devastar las almas más puras y de resquebrajar la fortaleza incólume de los cuerpos templados.

Leer es también un pecado minucioso, un estallido luminoso, una joya que posee vida y que se esconde siempre tras el brillo imperfecto de la memoria. A base de engañarnos de manera sistemática, casual, azarosa o con la conciencia plena y absoluta, conseguimos difuminar las fronteras de lo real y transformarlas en los límites de lo posible.

Alguien trazó un día un rayo, una centella fina, precisa, invisible y carnal, una línea absoluta capaz de separar (o de unir) dos nostalgias. Una de ellas cayendo de manera peligrosa en los abismos minuciosos de las tormentas del tiempo. La otra, flotando, a punto para hundirse, en los mares procelosos y persistentes de la memoria. Dos nostalgias que, imitando los inamovibles y dogmáticos principios teológicos, son siempre una sola nostalgia, un único recuerdo que se derrumba siempre como una gran losa sobre nuestros pensamientos más etéreos.

Y nada mejor que la música, que las canciones, que los fragmentos de sentimiento encerrados bajo una forma sutil y bien construida, como un disparo trágico, dulce y permisivo, para convertirse durante unos segundos, leves y traidores, en el catalizador de esa nostalgia que son dos, de esas dos nostalgias que son una.

Nostalgias y luz, robar palabras ajenas y trazar un mapa medieval con abismos insondables y monstruos feroces y carentes de piedad que nos aguardan al final del camino y circular entre tanta maravilla inesperada con la seguridad de no llegar nunca a alcanzar el fondo real de ese sentimiento hipnótico y extraño, atisbar solo pequeños espejismos que nos confunden, nos turban, nos mienten y, quién sabe, tal vez también nos regalan pequeñas y efímeras parcelas de felicidad dúctil y quebradiza.

Lugares donde refugiarse durante unos minutos. Sueños que renacen cada noche y que de madrugada se funden entre las notas del *Should I Stay or Should I Go* y se alejan para renacer de nuevo en otro lado, en otro tiempo, como una vivencia ligera y siempre sutil.

Y tal vez una única y discreta licencia poética en este compendio de decadencias musicales, siempre bellas, siempre efímeras, siempre sutiles, siempre perdurables, siempre envolventes, transmutar el ritmo punk original de The Clash en una nostálgica balada que The Coltrane Quartet se encarga de mimetizar para adaptarla con precisión a la ligereza, a esa ligereza refinada y atractiva, tomada siempre como una sublime forma de elegancia.

Y sí, es cierto, mi lugar en el mundo estaba y estará siempre en el abismo de tus ojos.

Abrid un hueco menudo en las aguas,
contadme la verdad imposible
de las palabras que se funden
un viernes noche
o un sábado a primera hora,
antes de recuperar el aliento expatriado
de los domingos que engullen
la apatía, los extravíos y el olvido.

Recuerdos sin memoria
que deshabitan los corazones pequeños,
sin recuerdos, sin cenizas candentes,
sin la huella apuntalada de mil días perdidos.

Hundir los pies descalzos en la arena de la playa
y descubrir que ya no quedan desnudos alegres
ni cuerpos para poder mostrar
con la desvergüenza propia de los inconscientes.

El dolor es una bestia feroz que muerde,
que graba surcos de sangre en las pieles del vacío.

Nada, nada queda después de sembrar la sed
de cien fuentes secas,
de mil alientos agónicos,
de millones de labios mudos.

Mudos son los vapores del miedo
que se conjura a la vera de un cigarrillo mordido,
lamento de brasa y humo disoluto.

Disoluto como los habitantes desorientados de mi
      corazón,
aferrados a la certeza verdosa de los caminos sin bandera,
al amor que se susurra en voz baja
hasta que el mundo sea tan solo un nudo,
un instante perdido hablando precisamente de amor,
una maleta, un sobresalto.

Como si la historia fuera en realidad
una vetusta jukebox,
anclada en el vientre apátrida de un viejo bar de periferia,
abocando músicas que son solo trozos de ayer
recortados en el aire,
aferrados a la boca agrietada que las susurra,
al contrapunto feroz de todos los extremos perdidos.

Arrancar a dentelladas jirones de nada,
porque nada es recordar el desorden
de lo vivido,
el susurro de lo pensado,
el parpadeo de lo soñado,
            lo absurdo del recuerdo.

Vivir sin biografía,
abocar al mar
las palabras perdidas,
la añoranza de un absurdo,
el desarreglo del griterío acuático
que nos inunda el alma.
Cómo llegar a calmar la herida abierta de la sed,
cómo clamar por los desvaríos que ya no poseo,
cómo saber del deterioro,
de la mezcolanza,
del reverso obtuso de la nada
convertido en un pozo yermo
donde ahogar el destello de tus ojos inconcretos.

Nadie nos contó nunca
la manera de fugarse del silencio
a través de los puentes derruidos,
de la luz descalza,
de la premonición y del desvelo.

Nadie nos contó
la fórmula para luchar contra el arrebato,
esconder amores entre los mares mudos
y comerse los destierros a mordiscos infinitos,
a dentelladas escasas pero certeras.

Nadie nos contó que cada ausencia
lleva aparejada alguna simbología
que la convierte en especial,
en sigilosa,
en un pasto que germina en los cuerpos,
en los cauces alejados del tiempo.

Luciérnagas,
       un exilio discreto
y nada que aporte claridad,
luz,
algún refugio menudo y triste,
algo que nos aleje,
       por un instante,
de la pavorosa mediocridad del absurdo.

Carretera secundaria que se pierde
en un hueco obtuso de las gramáticas cerradas.

Seguir tus pasos,
en la geografía de las pieles,
la transmigración de tu cuerpo,
los meandros tímidos de tu columna vertebral;
olfatear las esporas del sueño
y también sus profecías silenciosas,
resbalar por pensamientos sin pendiente,
dejar,
       siempre y sin excepción,
          la cicatriz absurda del olvido
          marcada en las inclemencias cálidas
          de tu armisticio.

Bosquejo del desorden,
barro,
polvo en las grietas,
comisuras frías
de los sueños que no sonríen,
que callan
y esconden la ceniza gris
de un hasta pronto
con visos de transformarse
en un oscuro jamás.

Sentarse,
adormecer los sentidos,
acallar el suspiro que se borra,
la astilla que muerde la carne de las uñas.

No debemos temblar,
que nada turbe
la resquebrajada desnudez de los equilibrios,
la delicada cartografía del aullido,
del grito que muere sin conciencia,
sin pena,
solo con la desmembrada palidez
de quien lo ha enterrado todo
                              para siempre.

Tan breve como la calma
y el retumbar de pisadas,
el error,
un tropiezo,
la caída,
tal vez algunas historias
roídas,
desgastadas por el paso del tiempo.

Se desmoronan las voces que me habitan,
se deshilachan los límites del corazón,
erosión que no cesa
y la certeza infinita de saber
que no hay llaves que abran
todas las puertas que tú cerraste.

Llegó el frío,
remoto,
lento,
pálido,
engulló de golpe
la metálica tormenta
que nos diluye
y dejó una cuenta atrás
constante, letal,
           irrespirable.

Conjurar los lenguajes de la piel
con una oscura pluma de tinta azul,
la modesta línea del cielo
que mordisquea la dermis de un papel
mudo y sin destino,
que se llena de mansedumbre,
de silencios mutilados,
de voces baldías.

Y exhibes un cuerpo impúdico,
cargado de explosiones redondas,
de páramos inexplorados,
        de torpes salpicaduras derruidas.

13 - *Un dimanche de janvier* - JOHNNY HALLYDAY

Guardo sombras navegables
de meses que nunca debieron detenerse
y no puedo abstraerme a la tentación
de surcar aguas
que son desnudos infinitos,
turbias ebriedades
que huelen a mensajes no recibidos,
a cielos sin fondo
y a botellas abiertas y olvidadas.

Vislumbro tu cuerpo en la lejanía,
como un espectro,
una promesa a los vientos del silencio,
una ofrenda a la bruma destripada.
Todo parece un espejismo iterado,
la desalentadora derrota
que nos desangra
tras abandonar el convencimiento
de que nada volverá a ser fértil,
nada se convertirá en miradas nuevas
y la vida será un discurrir callado
de oscuras esquinas sin horizonte.

Cuentan los escritos sin presente
que las pesadillas se disfrazan de placidez
para sorprender a los durmientes incautos,
segarles la yugular con el arco mortal
de sus uñas oscuras
a la vez que coleccionan costumbres,
desamparos y bellezas evanescentes.

Honor caprichoso y volátil
que enmudece ante el estallido atónito
de la cólera,
un anhelo impostor que,
para mostrarse engañoso
y falsamente genuino,
gira como un ventilador de techo
llenándolo todo de corrientes grotescas,
de vientos menudos e insensatos.

Dos mundos, o tres,
que duermen sin pensar en la trama
de tus sentimientos,
en la peculiar bruma de los orgullos malogrados,
de la severa oquedad de los manuales olvidados,
los que nos enseñaban a construir
intrincadas maquetas de ingenios veloces,
copias de máquinas capaces de retar a las tormentas,
de romper en pedazos los límites del sueño,
de traspasar sin titubeos el umbral de vida.

Lloraré con mística templanza
el fruto de tus olvidos,
la certeza inexcusable de cien noches sin susurros.

La noche y el gruñido zumbante
de una cafetera de cápsulas,
mala combinación,
de las que complican los sueños y las metáforas,
indicativo veraz de los ritmos neutros
que se cuelan por los resquicios de las almas,
de aquellas almas sedientas de canciones románticas,
de besos urgentes, de amores lentos.

He leído los poemas olvidados de Vázquez Montalbán
escuchando una canción perdida de Françoise Hardy,
pero no una de las que conservan, sin querer,
la complicada soledad del ayer,
una de las que hieren,
de las que hurgan sin misericordia,
y me he convertido en una ventana cerrada,
en un sobre que transporta lluvias sin remitente
entre las oficinas herméticas del silencio.

Cabe preguntarse si mover los labios
sin articular palabra alguna
puede ser considerado como un sabotaje,
una discreta extorsión sin consecuencias
contra los mecanismos cavernosos de la calma.

Soportar el tiempo,
el esfuerzo de la tristeza casi perenne
y el estruendo pavoroso de la lucha,
del combate feroz de contrarios devastados
nos hace más dúctiles, más lánguidos,
menos capaces de asesinar las almas agotadas.

Nos transformamos sin desearlo
en cronistas de una ebriedad profunda
que nos conduce al olvido,
a la sombra, al estremecimiento,
a la merma,
al deambular deshilachado.

La pena es una punzada gélida
que atestigua que el hecho de amar
acaba siendo el ejercicio forzoso,
la repetición innecesaria
de unos ritos anclados en el deseo,
en las minúsculas perversiones de la piel,
en el desencanto sutil de la esperanza,
en el frenesí de la torpeza,
en los agravios contra el tiempo que nos dilata
y nos convierte en cicatrices abiertas.

¿Somos irreales
o simplemente almas perdidas?

Corazones impertérritos
que explotan al abandonar la vida privada
y convertirse en un sinfín de hiedras húmedas
que ahogan los principios sutiles
mientras favorecen el desconsuelo,
la pereza y la oscuridad de los perfumes abruptos.

¿Somos almas perdidas
o simplemente irreales?

No movemos sobrevolando olvidos,
sueños ignorantes
y desayunos mustios
sin cafés ardientes ni zumos refrescantes.

Somos almas irreales y perdidas.

El fango de las palabras,
agua que se filtra entre los enigmas,
anega los olvidos, los arrastra
y los transforma en guijarros redondos,
suaves y cosmopolitas.

El destino es siempre
una playa mordaz e ineludible.

Esconderse en los desiertos del alma
como una sombra, como un recuerdo,
como un desespero,
como la fiera e irrespirable manera
que tenías de quererme.

Todo es a veces nada
mientras la nada lo acaba siendo todo,
llenando de caprichosas miradas
las sangrantes hendiduras de los días perdidos,
arrojados al fondo orco de los misterios de amor
que nunca hemos sido capaces de descifrar.

Código secreto que esconde la naturaleza oscura
de las cenizas volátiles
que aún sobreviven a las viejas patrias
que abandonamos sin bandera,
escudo ni garantía
en cualquier rincón polvoriento
de nuestras lejanías apátridas.

Una tarde discreta. Un libro a medio cerrar. Palabras que gotean entre las páginas y, a lo lejos, un mar inquieto que arrastra sedimentos, ramas, piedras, botellas vacías y la húmeda densidad de las almas atropelladas.

Todo se cruza en el centro de un camino hecho de imposibles, improbables y algún olvido voluntario. Aprendemos la gramática agrietada de la espera y conseguimos vencer los ataques furibundos de la impaciencia desatada.

Como muñecos de cuerda,
autómatas mecánicos
que habitan en sus propios misterios,
nos cuesta aceptar la derrota,
el desvarío de las formas,
el abrazo sin lenguaje
que marcará para siempre
la soledad que se alarga en la nada,
que se clava igual que una astilla,
pequeño dardo del desprecio,
de la perturbada arena del tiempo
que nos sepulta sin caminos ni esperanzas.

Caminar sobre todos los olvidos,
pisar ausencias,
grabar las iniciales de nuestros nombres ignorados,
en cortezas secas
de mil árboles heridos.
Cuchillos que hierran su destino
para construir un verso insípido,
una lista de palabras sin significado,
de estrofas negras
que han perdido el oleaje de sueños,
el envite de la esperanza
antes de transformarse en una extinción muda,
en un esbozo sin aliento.

Lluevo
y aguardo,
en silencio
hasta que la espera
sea solo desasosiego.

Lluevo,
reparto sombras,
discretos vientos de la nada
que perpetúan
en temblores secretos.

Lluevo,
o tal vez
tan solo lloro.

Respirar indefensiones,
retales desnudos
de esa intemperie que nos interroga,
que arrastra la ceniza volátil
de nuestros corazones fronterizos,
vísceras que se asemejan al compás de la noche,
a lo absurdo que resulta resignarse
a olvidar tus latidos
y el viento que despeinaba
nuestras noches compartidas.

Si pienso en ti
me sitúo a tu lado,
un salto contra el destino
más allá de cualquier objetivo.

Y me fundo,
me disuelvo
en los líquidos mansos de tu sueño,
en el remolino impávido de las carnes,
en el atropellado discurrir de las noches distantes.

Me fundo,
me disuelvo,

dejo de ser algo para serlo todo.

La sangre absoluta
que arde en fuegos inclinados
y, como otras tantas tardes,
un desvariado silencio casi ausente,
cortina de tristezas,
de sollozos apagados y sin eco,
nostalgias que mueren,
precipitadas al vacío
desde la altura letal
de un recuerdo demasiado vivo,
cruelmente presente,
sin nada que lo desdibuje
y juegue a convertirlo
en una sombra discreta
de lo que fue,
de lo que representa,
de lo que significa.

Nada palía el crepitar despiadado
de los enseres que se guardan
en trasteros oscuros de la conciencia.

Quedan pequeñas ruinas,
heridas ligeras que sobreviven
a los desiertos del alma
y se transforman en costras oscuras,
en mapas detallados y coherentes
de las pequeñas derrotas
que nos explican
y, a veces,
también nos sobreviven.

¿Dónde está nuestra patria?
preguntas sin hablar,
con solo una mirada casi durmiente,
que se clava en mi pupila
y germina lentamente,
como una vieja secuoya herida.

¿Dónde está nuestra patria?
me pregunto sin pensar,
en un ejercicio absurdo
de mimetismo casi consciente.

Pero solo conozco la respuesta
a una única pregunta.
¿Dónde está mi patria?

Mi patria está en el centro
de las aguas adormecidas
que remansan a tu alrededor
sin levantar ni remolinos ni reproches.

Vivimos entrando, saliendo,
celebrando fiestas sigilosas
entre guirnaldas, velas, cava
y olvidos con sabor a trufa y a nata.

Vivimos sin saber desde qué lado de la ventana
nos complacería más analizar
las alquimias provisionales del tiempo,
la física imperfecta de las grandes realidades,
los mecanismos chirriantes de la función biológica.

Vivimos sin acertar cuándo debemos
dormitar con tenacidad indolente
y cuándo nos corresponde la vigilia astuta,
duermevela fugaz que nos permita
acosar y capturar
el mañana que nos oscurece los recuerdos.

Acercar los labios a la herida,
chupar el veneno acre y grosero,
sabiendo que nunca,
por más que se intente,
se llegará a limpiar por completo la sangre
de los matices oscuros que la enturbian.

Medir las palabras
es emprender la titánica tarea
de convertir el diccionario,
volcán docto y aséptico,
en un murmullo oscuro,
en una perversa intuición
que casi nunca acierta sus predicciones.

Vivimos en un mismo horizonte,
ese lugar infinito e inacabable
que un día, de forma súbita,
finalizó
y convirtió la historia en un lapso detenido.

.

La nostalgia nos encamina al error,
a recordarlo todo tras un velo rosáceo e iridiscente
que difumina las realidades
y conduce a la ternura exagerada,
a la falta de crítica,
a la imprecisión y al desatino.

Nada es tan real como el impacto súbito
del presente puro,
sin nada que lo ancle al ayer,
sin nada que lo disuelva
en los mares cálidos de los recuerdos impuros.

Sin nada.

Volveremos a las borrosas lejanías
durante un lapso fugaz,
un relámpago de tiempo
que nos conceda límites y paz
a cambio de vendernos al diablo
en alma y cuerpo.

Vida que muerde,
clavando colmillos y garras
en las carnes incómodas,
en los ganglios tumefactos,
en las pieles imprecisas.

Somos masas imperfectas,
sin alma,
sin cuerpo,
sin límites retráctiles
y con una extraña vocación
a creer en los mitos
sin cuestionarse sus latidos y sus cavidades.

Se olvida,
se olvida con demasiada presteza,
inmersos en la confusa ansiedad
de las dignidades indiferentes
que se aferran a las invocaciones desoladas
de una liturgia que ha perdido sus topónimos,
sus coordenadas e incluso sus fronteras.

Se olvida
y a la vez se desdibuja todo aquello
que un día fue misterioso y atrayente,
que llegó a poseer el encanto magnético
de las encrucijadas sin destino,
de los crucigramas sin resolver
de las oraciones atendidas.

Se olvida,
se olvida con fulgor,
con una brizna de imprecisión
y con el convencimiento
de estar hundiéndose
en una ciénaga noble e insinuante,
en un olvido plomizo y desencantado.

Se olvida,
tan solo se olvida.

Nunca he sabido explicar el funcionamiento
de los motivos que ayudan a eviscerar
los relojes sin tiempo
y que nos devuelven
los murmullos que nunca debimos olvidar
cuando ya no los necesitamos.

Cien interrogantes en lista de espera
y un instante sin banderas,
sin patrias, sin héroes,
sin épicas ni campanas.
Solo preguntas sin respuesta
y un calendario que siempre habla en serio,
que proclama a quien se pare a escucharlo,
la sólida realidad
de químicas sin fórmula,
de fábricas sin humo,
de periódicos sin sangre.

Un traje que ha encogido,
un cuerpo dilatado,
un ventanal que nos confunde
con la imagen de la vida
que deja de ser un espejismo suave
y se convierte en un concierto absurdo
de bocinas irritadas y sirenas de la muerte ajena.

Tal vez quede la satisfacción de los reinos ordenados,
de las listas de columnas simétricas
que permitan leer en exigente formación,
cada una de las expresiones,
todas las exigencias
y algún desvarío.

Transitar por aquellos tiempos ondulantes
que nos ayudaban a amar los lugares discretos,
aquellos rincones sin topografía
donde esconder durante unos minutos
las incontinencias de animal feroz
que nos desbordaban sin remedio ni delicadeza.

Mojar las melancolías de papel reciclado
con alguna lágrima perdida.

Nada es nunca del todo verdad
y casi siempre caemos en todos los engaños
sin protestas ni resentimiento.

Me entrego más a menudo a la resignación que a la furia,
prueba discreta e inconstante
de la propia personalidad,
de aquellos quehaceres que siempre acaban resultando
molestos,
dotados de una singular condición
cercana a lo irritante
y demasiado alejados de la paciencia,
que debiera guiar toda urgencia puritana,
toda expansión intermitente.

Por el precio de una cena en elBulli,
verano impertinente y bochornoso,
compro también el roce coralino del alba,
el murmullo abrasado de la sal marina
y el vaivén enfurecido de las hojas.

Construyo, pues, un marco incomparable,
un lapso cálido de paz
donde todas las preguntas que me formulas
son, sin que sirva de precedente,
inoportunas, pero del todo inofensivas.

A veces me gustaría
emplear el plural mayestático
y hablar de mí como si fuera una tercera persona,
o el Papa del Vaticano,
con esa rotundidad aprendida y solemne
que otorga el hecho de estar hablando de otro,
de entrar cual carga de caballería ligera
en cuerpos, almas y desmanes privados
sin tan siquiera despeinarse,
manteniendo intacta esa insólita capacidad
para desvelar amores, defectos, sacrificios y arrogancias.

Imposible resistirse a la claridad de los sobresaltos,
espasmos del alma que arrancan del pasado hecho
     letargo
todo el espectáculo mestizo del recuerdo.
Jirones desafectos,
nacidos de la confusión,
de la resistencia, del amontonamiento,
tal vez de la vergüenza o del silencio.
Candor miserable que acaba transformándose,
sin magia ni encanto,
en una fotografía amarillenta
de aquello que fue,
lo que nunca será más que un chispazo,
el chisporroteo de la impaciencia
venciendo a la resignación
y transformando la nada candorosa
en un todo impertinente.

Es casi otoño.
        Y cada año,
        por más que nos empeñemos en evitarlo,
        trae aparejado un momento funesto,
        ese melancólico «es casi otoño»
        que nos abofetea con tristeza,
        rompiendo en mil pedazos
        el pacto silencioso
        firmado con la bulliciosa ingenuidad
        del verano que nos arrastra y nos distrae
        de peligrosos empecinamientos del alma.

                Lo dicho, es casi otoño.

Ya hemos perdido la costumbre
de abrazar la cintura hexagonal de un lápiz,
sintiendo el trazo salvaje, cálido y a la vez ingenuo
del corazón de grafito,
como si te deslizaras sobre una alfombra mullida,
de suaves y sutilmente rugosos perfiles.

Y algunos ni tan solo han conocido
el etéreo recorrido de una estilográfica,
un río tenue, un mar de leves artificios,
una figuración de suavidades y de mensajes cifrados.

Y puede incluso que las arterias palpitantes de un
       bolígrafo
sean para muchos un agujero irreversible
que se hunde en la codicia de los tiempos.

Así las cosas, nos queda como único consuelo
el golpeteo molesto de los teclados,
la frialdad de los mensajes sin raíces,
la certidumbre de unos tiempos que nunca son mejores
       y todo su artificio.

Incluso el mar se ha convertido en un falso holograma
de sus propias sensaciones.

Recordarlo es cruzar el umbral de un santuario,
de sueños vaporosos que se han ido cambiando
por realidades insinuadas y algo amenazantes,
que alberga los exvotos nacidos del tedio,
del fondo de ese magma impreciso
que cubre con capas de niebla borrosa
las huidas mansas,
las renuncias pendientes,
las cobardías olvidadas.

Cualquier cosa menos enfrentarse cara a
cara
con el hielo de tu risa,
con la certeza absoluta del error
irreparable,
con el corazón insurrecto
que perdimos, hace ahora ya demasiadas
lunas.

Un mundo creció sobre el mundo,
cubriéndolo,
sin tener en cuenta los frágiles equilibrios,
las discretas coincidencias,
la sutil pendiente de las bellezas saboreadas,
el mapa refundido de las geografías conocidas.

Y nuestra lucidez se turba,
se confunde,
     se distorsiona,
         se complica
ante la pérdida de cualquier referencia antigua,
de lo que aún creíamos posible
y que ahora ya ni se trata de algo probable.

     No hay posibilidad de crecimiento,
     solo una pérdida,
     un remanso impronunciable.

El tacto,
extraño cuaderno de instrumentos y pellizcos
que construye un catálogo
arrancado de los tabiques y de las minucias,
que guarda historias menudas,
visitas prometidas
y ese desnudar las emociones
que traspasa los límites discretos del recuerdo
para convertirse en un molde irrepetible
de pequeñas derrotas desnudas
que anidan, sin épicas deslumbrantes,
en cada una de las concavidades esféricas de la piel.

Brindo por las miradas antiguas,
las más poderosas,
cuando todavía significaban algo intenso,
cuando llegaban aparejadas
al calor acariciante de un presagio,
con el estallido de los besos deseados,
la carne prometida,
el viento emocionado y la calma extinta.

Ya nada se parece a los recuerdos,
el gesto torpe se ha transformado en rutina,
los poros cálidos en sudor aburrido,
la palabra hirviente en un caldo tibio
y el ritmo trepidante en sueño discreto.

No, ya nada se parece a los recuerdos.

Observo la sombra asimétrica de la biblioteca,
rincón de imposturas, imaginación y claudicaciones
y pienso,
sin que ello deba servir de modelo a nada,
que me gustaría desleer o leer al revés
para recuperar la dicha impronunciable,
el júbilo desconocido,
la punción inédita del descubrimiento,
la captura iniciática de todas y cada una de ellas,
de las voces limpias, cercanas e insurrectas,
que emergieron ante mí como monstruos marinos,
enormes, cercanos y desconocidos
dispuestos a hendir su dentellada feroz
en la carnaza temblorosa
de mis fangos sin forma,
pulpa maleable de sueños, emociones y distancias.

    Y yo, subyugado y feliz,
    juré recordar por los siglos de los siglos
    todo aquello que ya he olvidado.

Sueños que quedaron atrapados,
enredados en los plazos fijos de una hipoteca
y se transformaron en cansancio,
en piedras lastradas.

Todos vagamos como muñecos faltos de épica
y nos deshacemos en cualquier esquina
sin nombre.

La edad es siempre la mejor excusa,
óptima, singular y majestuosa
cuando lo que se desea
es esconder una única realidad hiriente:

ya no hay excusas.

Bajo el peso de los años
todo se vuelve infeliz,
nada es nuevo y reconocerse equivale
a saberse algo vencido,
a convertir las sospechas inciertas
en naufragios intocables y lentos,
tan lentos
que convierten el calendario
en una agria superposición
de pequeñas miserias cotidianas
que acaban consiguiendo
que la sangre salpique hacia adentro,
que fluya con derretida agonía,
y que todo se acepte como un mal menor,
como la sintaxis muda de un diciembre lascivo
que nos enfría las sábanas y la médula.

Las noches estructuran ahora una particular sintaxis
alejada del escándalo y de la lascivia,
demasiado cercana a la turbación,
al olvido.

Tal vez, y a modo de justificación particular,
sirva la excusa del accidente,
de los minutos inevitables
que lo transformaron todo en huida,
en rodeos y subterfugios,
en rigurosa traición al futuro
y en una montaña de respuestas sin interrogante.

Te pediría un beso, una caricia desnuda
con propiedades parecidas a la resurrección de la carne
pero tengo la sensación,
extendida y desagradable,
de que me doy por muerto,
que me desdibujo en un largo camino
por el que tan solo transito
sin tan siquiera el consuelo de la ira.

Tal vez se trate simplemente de volver la vista atrás,
cuando el mañana estaba todavía en su sitio.

A veces, solo a veces,
regreso a las calles ruidosas
con el secreto afán
de reencontrar la poética de la ciudad,
aquella cansada harmonía
de rumbo indefinido,
capaz de recordar,
con precisión científica,
los bares que cerraron de manera definitiva
y algunas de las muchas soledades
provocadas por el alcohol,
la confusión momentánea
y el orgullo mal administrado.

El resultado, ahora,
tantos años perdidos después,
queda, para la propia desgracia,
más cercano a la mansedumbre del lamento
que a las cicatrices de la gloria.

Pasa un coche,
atronando entre persianas medio cerradas,
pasos de cebra desdibujados
y cotorras verdes que rompen el aire
en ruidosa formación de nueve.
Descarto la piedad, la intuición
y las escenas entre los bastidores de la vida,
los ensayos sin música ni vestuario
que jamás consiguieron acercarse ni por asomo
a los marasmos que nos apagaron la mirada,
a los rincones donde olvidamos la pólvora de los gestos.
 Y lo triste es que ya no quedan metas individuales,
solo grandes pautas colectivas.

Tal vez todo valga,
todo sirva
en aquel estadio de las cosas
donde el fin siempre justifica los medios
y nunca quedó del todo claro
si los medios llegaban alguna vez a justificar el fin.

Imagina ahora,
tanto tiempo después,
aquellos paisajes de tibieza reconfortante
que nos abrazaban sin condiciones ni límites
e intenta transformarlos en presente,
en algo más que en una brisa cansada.

Aprieto el botón rojo del túrmix
y todo se convierte en pulpa,
un amasijo denso de líquidos grumosos
fáciles de arrojar al vientre oscuro de un desagüe turbio.

Sí, tal vez todo valga
aunque nada funcione como esperábamos.

No hay nada más solitario que la vergüenza,
esa bestia gris que se esconde de todos,
incluso de su legítimo propietario,
incapaz de contener el impulso desmesurado
de su pena atormentada,
de su pena tormentosa.

Tormentosa y atormentada,
la vergüenza es siempre
menos dócil que el paso del tiempo
y mucho más angosta e hiriente.

Me gustaría conocer de memoria
el nombre de todos los vientos
y también su dirección exacta
para poder trazar mapas de la vida
y saber de antemano
dónde recalaran los recuerdos,
esos rumores inconsistentes,
abandonados a su propio vacío.

Norte noroeste,
sur sureste,
lejos, muy lejos
sin el peso de la angustia
que crea el hecho de comprender
las maldades de la física y de la geografía.

Todo vuelve, siempre,
si no eres capaz de trazar una ruta maravillosa,
cuerda y sin retorno.

Una ciudad,
oficinas que mantienen sus luces
brillando más allá de medianoche;
portales que se cierran con el estrépito
de cristaleras tambaleantes;
taxis que pasan silbando canciones
de dudoso recorrido sentimental;
autobuses que se recluyen sobre sí mismos,
encerrando en el interior de su caparazón
a los últimos viajeros insomnes;
peatones que han perdido el rumbo
a causa de malos consejos y noches baratas.

Una ciudad,
los ecos de tantas muertes desconocidas
y la melodía gris de un bolero confuso
como banda sonora del propio documental
de sueños tremulentos de andar por casa.

El silencio es mío cuando camino,
sin rumbo ni fulgor
por calles atormentadas,
sorteando tristezas y rumores,
una flota inconexa
de alborozos indefinidos,
de pequeños dolores pasajeros,
de incendios generosos
de minúsculas patrias sin bandera.

Pertenecer a los envites de lo absurdo
acaba siendo una fórmula pulcra
para abandonar los viejos estupores
y sumergirse sin batalla
en las despobladas crestas de la nada.

Duele y nos desarma
recordar el cuchillo afilado
de los amaneceres trémulos;
duele y nos desarma
saber de los asaltos repentinos,
de las nostalgias detenidas;
duele y nos desarma
rememorar leyendas maltratadas;
duele y nos desarma
saberte, al fin,
                dolido y desarmado.

Romper la voz contra los murales olvidados
mientras los días caen lentos,
pasan entretenidos y distantes,
sin llegar a ofrecernos sus fauces imponentes,
cargadas de antiguos amores encendidos,
de voces acumuladas en sacos de distancia,
de cuerpos que fueron vastos y originales
y que se han visto reducidos
a pequeños golpes de la carne confusa,
latidos que chocan contra las aristas infames
de cristales pálidos y silenciosos,
innumerables enemigos
que siempre,
de forma invariable y feroz,
consiguen vencer nuestras migradas defensas
y encerrar el último atisbo de dignidad
en un campo seco, abierto y desolado.

Tal vez un instante,
el tiempo justo de engañarnos,
de urdir pequeñas mentiras
rellenas de piedad,
de orgullo mal disimulado
y de ráfagas de solemnidad absurda.

Un instante, tal vez,
nada comparado con el vértigo eterno
que produce la necesidad de huir,
de esconderse de los propios sentimientos
en la secreta aspiración
de verlos convertidos en material ajeno,
en algo lejano que pueda leerse
como una tierna novela de amores y desengaños,
obviando las heridas íntimas,
el remolino que nos hunde en el pasado inquietante
y el perverso reconocimiento tácito
de las antiguas culpas.

A veces desespera
no encontrar una memoria donde agarrarse,
un mosquetón de escalador
que nos libre de la caída,
del vacío poderoso
que juega a engullirnos,
completamente,
sin la remota posibilidad
de sobrevivir al impacto
gracias a ese recuerdo sutil
que, de tenerlo en el momento preciso,
nos arrancaría una sonrisa
y, tal vez, nos redimiría
de la matemática críptica
de los pasados superpuestos e inmortales.

Una dulce y pegajosa canción de cuna,
una derrota cómoda y caprichosa,
casi cerrar el círculo de forma elegante e indolora.

Nuestras fotografías mentirosas
acabarán siendo más serias que nosotros mismos
y, con algo de suerte
y un discreto rictus de impertinencia contenida,
nos libren de traspasar la última frontera,
ese pantano sin escaleras
donde se hunden las pieles humedecidas
y se apagan las almas incandescentes.

Una dulce y pegajosa canción de cuna,
cerrar los ojos,
respirar de manera obvia y ruidosa
y dormir,
dormir sin pensamientos,
prescindiendo de los recuerdos,
pensando solo en un futuro inventado
a base de falsificar el presente y la nada.

Sí, una dulce y pegajosa canción de cuna.

Índice

LA GARÚA
P O E S Í A

* * * * *

Luz entre dos nostalgias,
de *Jordi Cervera*, se terminó de imprimir
y encuadernar en septiembre de 2024.
Para la composición del texto se ha
utilizado la tipografía Goudy Old Style
sobre papel munken print de 90 gr.